# CONSIDÉRATIONS

## POLITIQUES ET DIPLOMATIQUES,

SUR LE COMMERCE DE LA PÉNINSULE, EN CE QUI CONCERNE
L'INTÉRÊT GÉNÉRAL DE L'EUROPE, ET CELUI
DE LA FRANCE EN PARTICULIER;

PAR

### M. O. DE CAIX DE St.-AYMOUR.

## PARIS,

CHEZ LES PRINCIPAUX LIBRAIRES.

—

## 1843.

Crt

# CONSIDÉRATIONS

## POLITIQUES ET DIPLOMATIQUES.

AMIENS, IMPRIMERIE DE E. YVERT,
32, rue des Sergens.

# CONSIDÉRATIONS

## POLITIQUES ET DIPLOMATIQUES,

SUR LE COMMERCE DE LA PÉNINSULE, EN CE QUI CONCERNE
L'INTÉRÊT GÉNÉRAL DE L'EUROPE, ET CELUI
DE LA FRANCE EN PARTICULIER ;

PAR

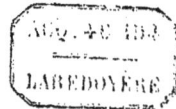

## M. O. DE CAIX DE St.-AYMOUR.

# PARIS,

## CHEZ LES PRINCIPAUX LIBRAIRES.

—

## 1843.

(C.)

« Messieurs , je déclare sans crainte d'être dé-
» menti par personne , que notre diplomatie doit
» employer tous ses efforts pour empêcher une
» pareille union de se conclure ; car , dans un
» délai peu éloigné , elle deviendrait la ruine de
» notre commerce avec la Péninsule. »

(Paroles de M. le Marquis DE BRÉZÉ , à la Cham-
bre des pairs , séance du 28 avril 1843.)

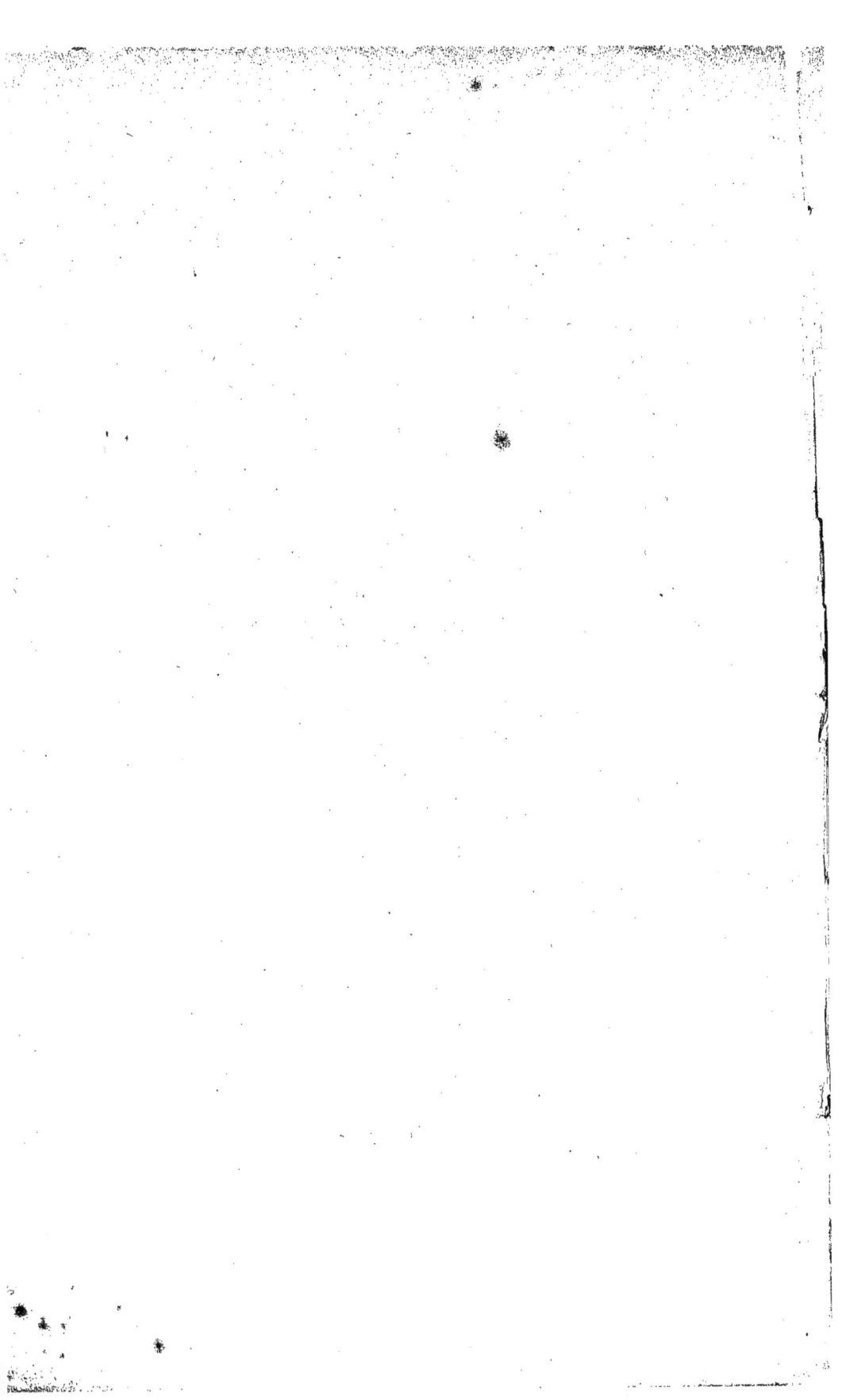

# CONSIDÉRATIONS

## POLITIQUES ET DIPLOMATIQUES.

---

PERSONNE n'ignore les nombreux changemens qui se sont successivement opérés depuis plus de deux siècles dans le système politique de la Péninsule. Chaque jour y est marqué par quelque nouveauté funeste, qui servant comme de prélude à d'autres malheurs, fait appréhender pour le lendemain. Il semble que l'ange exterminateur ne cesse de planer sur cette malheureuse contrée, semant partout la discorde, la vengeance et la ruine. Des prohibitions et des monopoles dans le commerce, des cabales, des tumultes, des conspirations, des emprisonnemens, des cachots, des révolutions, des centaines de familles réduites à la dernière indigence dans l'émigration, des proscriptions, des exécutions sanguinaires, des assassinats juridiques, des fusillades, tous ces maux qui se sont perpétués jusqu'à nos jours,

1

sont le plus effroyable tremblement de terre qui se soit jamais fait sentir pour la Péninsule. Nous ne venons pas développer ici ces diverses causes fatales qui ont amené la décadence de l'agriculture, de l'industrie, du commerce et de la puissance des Espagnols et des Portugais. Nous nous proposons d'exposer la situation présente du cabinet de Lisbonne, qui s'occupe enfin des moyens de secouer le joug pesant de l'Angleterre, en ce qui concerne la liberté de son commerce. Cette situation sera le principal objet de cet écrit. Nous savons par les débats du parlement anglais, que les négociations entamées entre cette puissance et le Portugal, sont en ce moment rompues. Les nouvelles prétentions de l'Angleterre qui traite la Péninsule comme une de ses colonies, ne permettent pas le moindre doute sur la nécessité pressante où sont les cabinets d'encourager le ministère portugais, à reprendre en entier son ancienne liberté. Il est évident que si le Portugal témoigne aujourd'hui le desir louable et bien naturel de s'affranchir de la domination anglaise, sous laquelle il gémit depuis le traité de 1703, il n'est pas de force à résister longtemps tout seul à cette puissance; et, qu'un jour ou l'autre, il subira les volontés du cabinet de Saint-James. Nous appelerons l'attention générale sur un état de choses qui intéresse au plus haut degré les puissances maritimes de l'Europe, et la France en particulier.

Il n'est pas sans importance pour nous, d'examiner les combinaisons politiques et commerciales auxquelles l'Angleterre est en partie redevable de sa puissance et de son influence dans la Péninsule. On s'accorde généralement à dire que l'opposition britannique peut seule balancer la puissance de la France. Il y a pourtant une différence essentielle entre ces deux États ; la disproportion de l'un à l'autre est très grande. L'Angleterre a infiniment moins d'étendue ; ses productions ne peuvent être comparées à celles de la France. Sa population est fort inférieure (1); et il est incontestable que par rapport au moins, à l'objet militaire, le genre de son administration ne vaut pas à beaucoup près celui de la France. Cependant, les Anglais se considéreront toujours comme la première nation de l'Europe, tant qu'ils auront la supériorité du commerce et de la mer. Quelques réflexions qu'on puisse faire sur leur vanité et leur présomption à cet égard, on ne peut s'empêcher de reconnaître leur habileté en commerce, en industrie, et en économie politique. Nous devons avouer de bonne foi, que cette nation supplée en grande partie à toutes ses disparités, par la puissance que lui donne sa marine, par les richesses que son commerce produit, et par les ressources financières qu'elle sait se créer. Cette supériorité maritime sans laquelle l'Angleterre serait bientôt pauvre au dedans, et sans influence au dehors, rend cette puissance aujourd'hui presque inattaquable, en même temps qu'elle lui donne de grands moyens pour

---

(1) La population de l'Angleterre était, en 1840, ainsi que l'a constaté le recensement de 1841, de 15,906,829 habitans. La France renfermait, à la même époque, 34,194,875 habitans, suivant le recensement de 1841, qui a plutôt dissimulé qu'exagéré l'étendue de la population.

attaquer les autres. Tout ce qui a trait à cette matière, est bien digne de l'examen de ceux qui ont la connaissance des affaires publiques, et mérite l'attention de ceux qui ont part à leur administration.

Nous pouvons faire, en commençant, une observation générale, qui a pour garant de sa vérité, l'aveu et l'assentiment unanime de tous ceux qui ont quelque connaissance du commerce de l'Angleterre ; c'est que les habitans de cette nation, doivent leur grandeur et leurs richesses au commerce de la Péninsule et de ses colonies, et particulièrement à celui du Portugal. D'où il est permis de dire, et le bon sens l'indique assez, que le premier moyen de relever le commerce de la Péninsule, qui se présente, c'est de faire cesser le monopole que l'Angleterre s'attribue depuis long temps sur ce commerce, et qu'elle voudrait fortifier encore par de nouveaux traités. Les Anglais se sont assurés du commerce du Portugal par acte diplomatique conclu à Lisbonne le 27 décembre 1703. Nous examinerons bientôt la nature de ce traité, par lequel le Portugal s'est engagé à se laisser ruiner par l'Angleterre ; et l'Angleterre de son côté, s'est engagée à bénéficier sans limites, au préjudice des sujets portugais, de tous les États commerçans d'Europe, et surtout de la France.

Avant les célèbres découvertes des Portugais, cette nation jouissait de la fertilité d'un sol assez bien cultivé, qui ne lui fournissait cependant qu'un superflu fort borné. Elle n'était point comptée au nombre des nations commerçantes, lorsque l'industrie et les arts se développaient chez la plupart des autres peuples de l'Europe pour les enrichir. La ligue anséatique de l'Allemagne,

Venise, florissaient depuis long-temps par le commerce, lorsque les mêmes élémens de prospérité pénétrèrent en Portugal. Le génie de cette nation appliqua les arts à la marine. Ses premiers pas dans la navigation furent des entreprises des plus hardies qu'on eût encore osé former. En 1420, à l'aide de la boussole déjà perfectionnée (1), les Portugais firent de grands établissemens sur les côtes occidentales de l'Afrique. En 1487, ils s'ouvrirent une route nouvelle aux Indes orientales, en doublant le cap de Bonne-Espérance (2). Ils ajoutèrent à leurs domaines le commerce de la côté orientale de l'Afrique, de la mer Rouge, du golfe Persique, de la plupart des mers des Indes et des presqu'Iles en deça et au delà du Gange. Lisbonne fut bientôt le magasin exclusif des épiceries et des riches productions de toutes ces contrées, qui ne prirent plus la route du Levant, et que les Vénitiens cessèrent, par cette raison, de distribuer à l'Europe. Anvers alla désormais chercher en Portugal de quoi remplir ses magasins. Ce fut là l'épo-

(1) La fleur de lys que toutes les nations mettent sur la rose, au point du Nord, montre que c'est à un français que l'on doit l'invention de la boussole; ou au moins, que c'est en France qu'a été perfectionné ce précieux instrument. Guyot de Provins, un de nos poètes, qui vivait en 1200, fait déjà mention de la boussole à cette époque.

(2) Barthélemi Diaz, célèbre navigateur portugais, fut le premier qui doubla ce cap, qu'il appela le *cap des Tourmentes*, nom auquel Jean II, roi de Portugal, substitua celui de *cap de Bonne-Espérance*.

que de la chûte du grand commerce que les Italiens faisaient des productions des Indes orientales par l'Egypte, qui bornant sa navigation aux premières côtes de la mer des Indes, ne fut bientôt plus en état de soutenir la concurrence des Portugais. C'est ainsi que Lisbonne devint en peu de temps l'une des plus florissantes places du commerce de l'Europe, par la hardiesse et les succès de sa navigation, par l'intelligence et l'intrépidité de ses navigateurs. L'amour de la gloire, joint à l'avidité des richesses, produisit des prodiges de valeur, d'industrie et de générosité. La découverte des côtes du Brésil, par le naufrage d'Alvares Cabral, capitaine portugais, ajouta à tant de riches établissemens la possession de ce vaste pays (1); et la découverte plus récente de ses mines fut dans la suite une sorte de dédommagement de la perte des îles à épiceries, qui devaient profiter plus tard aux Hollandais.

Avec un fonds si étendu et si riche, le Portugal, qui avait toute l'industrie nécessaire pour le faire valoir, n'avait pas besoin d'autre secours pour soutenir son opulence, si une administration destructive du commerce, et des révolutions plus destructives encore, ne l'avaient réduit à n'être que l'entrepôt des riches productions de l'Afrique, de l'Asie et de l'Amérique, pour en enrichir les autres nations de l'Europe. Les Espa-

(1) Don Pedro Alvares Cabral, allant aux Indes, découvrit le Brésil en 1500. Il prit possession de ce pays au nom d'Emmanuel, roi de Portugal.

gnols, les Néerlandais, les Anglais acquéraient peu à peu leur grande supériorité sur les mers. La Hollande avait déjà enlevé au Portugal plusieurs places très importantes dans les Indes orientales, et principalement l'Ile de Macassar qu'on regardait, avec raison, comme la clef de toutes les îles à épiceries. Cette nation avait perdu en 1640, le royaume de Malacca (1); et, en 1655, le Cap de Bonne-Espérance qui forme la pointe méridionale de toute l'Afrique. La ville de Cochin lui avait été enlevée aussi en 1664, avec l'île de Ceylan, Granganor, et les différens petits royaumes de la côte de Malabar.

Il semble que l'on aurait pu s'attendre que le soulèvement du Portugal contre l'Espagne, et l'élévation du duc de Bragance sur le trône, sous le nom de Jean IV (2), aurait arrêté les conquêtes des Hollandais aux Indes, ceux-ci n'ayant de démêlé avec les Portugais,

(1) Les Portugais, en ce temps-là, sujets de l'Espagne (ils avaient passé avec la souveraineté de leur pays, en 1580, au roi d'Espagne, Philippe II), perdirent avec Malacca, ce dont ils se glorifiaient le plus, savoir : l'empire de la mer des Indes, parce que tous les vaisseaux qui passaient le détroit étaient obligés de payer un péage, et de prendre un passe-port à Malacca. La forteresse se rendit par la trahison de son gouverneur, après un siége de quatre mois et douze jours, où les assiégeans eurent plus de mille hommes tués.

Les Français entrèrent plus tard dans le détroit de Malacca, en 1709, avec une escadre de trois ou quatre vaisseaux.

(2) En 1640.

qu'autant qu'ils étaient les sujets du roi d'Espagne ;
d'autant plus qu'ils étaient intéressés à reconnaître et à
assister le nouveau roi de Portugal, ses États d'Europe
étant situés de façon à rendre son alliance naturelle et
nécessaire. Il en fut néanmoins tout autrement. Le roi
de Portugal avait envoyé don Tristan de Mendoza Hur-
tado à la Haye, où les États le reconnurent, et traitè-
rent avec lui ; après de longues négociations, ils con-
clurent une trève pour dix ans, pendant laquelle les
uns et les autres devaient demeurer en possession de ce
qu'ils tenaient dans les Indes orientales et occidentales.
Mais cette trève ne servit guère. Sous prétexte que les
Portugais ne l'observaient pas bien au Brésil et dans
l'île de Ceylan, les Hollandais continuèrent à étendre
leur domination à chaque occasion favorable. Il est
vrai que l'attrait était puissant : sous le gouvernement
espagnol, les établissemens des Portugais étaient fort
mal pourvus lorsqu'ils rentrèrent sous l'obéissance de
leur souverain naturel ; ils perdirent non seulement le
secours qu'ils recevaient quelquefois des Espagnols,
mais ils s'en firent des ennemis sans acquérir un seul
ami. Dans une situation si fâcheuse, ils ne pouvaient
guère espérer de secours du Portugal, où le roi avait besoin de toutes ses forces pour défendre la couronne dont il
s'était heureusement emparé ; ainsi, il n'est pas étonnant
que les Hollandais qui étaient parfaitement instruits de
l'état de choses, et qui sentaient aussi leur supériorité,
en profitassent pour s'agrandir, ayant soin de donner
les plus belles couleurs à des actions qui, dans le fond,
n'avaient d'autre principe que l'avarice et l'ambition.
Quelques années après, la paix fut faite avec la Pénin-

sule, et on eût si grand soin des intérêts commerciaux
de la Hollande, qu'elle obtint la jouissance de ce qu'elle
possèdait sur les mêmes fondemens qui avaient assuré
l'indépendance des États vis-à-vis de l'Espagne.

Nous devons dire que les Portugais ne furent pas les
seuls qui souffrirent dans ces circonstances : elles furent aussi très malheureuses pour les Anglais. Les
guerres civiles qui désolaient l'Angleterre à cette époque, portèrent un coup fatal à leur commerce des Indes;
leurs voisins en profitèrent, enlevant leurs vaisseaux
sous les moindres prétextes, détruisant leurs comptoirs, parce qu'ils étaient, disaient-ils, en guerre avec
ceux dans les États desquels ces comptoirs se trouvaient.
On voit par là avec quel enchaînement de circonstances
heureuses, la Hollande eut le moyen d'étendre sa puissance d'une manière aussi subite que surprenante.
Mais ce sujet ne nous appartient pas assez directement
pour que nous nous y arrêtions; ainsi, nous nous
contenterons de remarquer ici, que les Anglais ont
bien su réparer leur perte, et que ce fut peut-être là
un des motifs que leur ont fait entreprendre d'achever
à leur profit la ruine du commerce de la Péninsule,
que les Hollandais avaient commencée. Ajoutons que
le protecteur Cromwel a bien pu rêver la conquête
du commerce de la Péninsule, avant de conclure avec
les États-Généraux, le honteux traité du 30 août 1654,
par lequel l'Angleterre se contentait d'une modique
somme d'argent et de la reddition de l'île de Poulo-
ron, en dédommagement de toutes les pertes que lui
avaient fait éprouver les Hollandais. Ce traité fut une
honte pour l'Angleterre, car les forces navales de

cette nation étaient déjà alors très supérieures à celles de la Hollande.

Revenant aux établissemens portugais, nous dirons que par l'effet assez naturel de la mauvaise administration et des révolutions, les établissemens qui restaient aux Portugais n'étaient presque plus entre leurs mains qu'un dépôt, dont les fruits appartenaient aux nations qui leur fournissaient le nécessaire physique ; lorsque le gouvernement de Lisbonne crut réparer toutes les pertes de la nation par l'introduction des manufactures.

On vit seulement en 1681, s'élever des manufactures de laine en Portugal, dont les fabricans et les ouvriers furent tirés d'Irlande et d'Angleterre (1). On avait en Portugal toutes les matières premières, et les manufactures firent des progrès assez rapides, pour porter le ministère portugais, en 1684, à publier des lois somptuaires sur divers objets, et à interdire l'entrée

(1) Le gouvernement portugais aurait pu déjà demander à la France ses fabricans et ses ouvriers, pour les manufactures qu'il voulait créer. Nous avions des fabriques de draps dès la fin du 14ᵐᵉ siècle. On trouve dans une ordonnance du duc de Bourgogne, donnée à Conflans, en 1384, qu'*il sera payé au sieur Colin Brun, drapier et bourgeois de Paris, quatre-vingt-douze aunes, à 22 sols parisis, et cent soixante-dix-sept aunes, à 16 sols 6 deniers parisis*. Le marc d'argent valait alors 5 livres 16 sols tournois, ou 4 livres 12 sols parisis. Ainsi, le drap valant 22 sols parisis, ou avait quatre aunes de drap pour un marc d'argent ; ce qui fixe leur valeur à une quinzaine de francs.

des draps étrangers mélangés. Cette prohibition fut bientôt étendue à toutes les étoffes de laine, et les manufactures de Portugal suffirent à sa consommation intérieure et à celle de ses colonies ; ce qui était devenu
d'autant plus facile que la première application de ses
fabricans fut donnée à la fabrique des draps fins, pour
lesquels les laines d'Espagne et de Portugal sont les
plus propres ; et c'était là la qualité d'étoffes de laine
dont la consommation était répandue en Portugal et
au Brésil. Aussi, le comte d'Ereicera, qui était alors le
Colbert du Portugal, sacrifia sagement le produit des
droits d'entrée perçus sur les marchandises étrangères,
aux avantages d'une industrie nationale ; il fit cesser
une importation de plusieurs millions, qui avait profité jusque là principalement aux marchands anglais.
Les Portugais avaient aussi quelques manufactures de
soie (1), que les défenses que la France fit, en 1667,

(1) C'est à Roger, roi de Sicile, que l'Europe doit la manière
d'apprêter la soie. Ayant conquis plusieurs villes de la Grèce,
dans son expédition de la Terre-Sainte, il établit à son retour
des manufactures à Palerme, et dans toute la Calabre, en 1130.
De là elles s'étendirent dans l'Italie, et en Espagne et en Portugal, où elles séjournèrent long-temps avant de passer en France.
Ce ne fut que deux siècles après que l'on commença à y fabri-
quer de la soie, elle était encore très rare : douze livres de soie
furent achetées à Montpellier, pour Jeanne de Bourgogne,
femme de Philippe de Valois, à raison de cinquante francs,
de notre monnaie, la livre.

Ce ne fut qu'en 1603, que Henri IV introduisit les manu-

de l'entrée des sucres et du tabac de Portugal firent élever. La sortie des soies avait été également interdite par le gouvernement portugais ; mais cette mesure qui devait être favorable ne réussit que faiblement, et les manufactures de soie ne firent pas les mêmes progrès que celles de laine.

L'Espagne, de son côté, ne restait pas en arrière : l'activité et le progrès se signalaient dans la Péninsule. Chaque branche d'industrie et de commerce en produisait un grand nombre d'autres ; le peuple fut occupé, riche et heureux : chaque pays fournissait quelque chose à l'industrie générale, et en retirait quelqu'avantage, lorsque vint à surgir malheureusement pour le Portugal, le fatal traité de 1705.

L'interdiction du comte d'Ereicera était générale, elle

----

factures de soie en France. Disons à la gloire de ce bon roi, que ce fut à ses propres lumières que cet établissement fut dû. Le baron de Rosni, son premier ministre, s'y opposait par de mauvaises raisons qu'il est inutile de rapporter. Le roi, que son amour pour ses peuples rendait excellent politique, dit à Rosni que le peuple étant oisif en France, et par là bien misérable, il voulait que l'industrie fût encouragée, et surtout cette sorte d'industrie dont on recueillerait le plus de fruit. Les bienfaisantes intentions de ce prince furent couronnées d'un heureux succès, et Henri, qui souhaitait voir le temps ou chaque paysan de France aurait un chapon à mettre à la broche ou au pot, eut du moins la satisfaction de voir encore de son temps la culture de la soie seule faire entrer dans le royaume plus d'argent que presque toutes les autres marchandises ensemble.

excluait toutes les étoffes de laine étrangères. L'Angleterre forma le projet de faire lever cette interdiction à
son égard, et de se procurer même l'introduction de
toutes ses étoffes de laine en Portugal, avec un privilége
exclusif : elle y réussit. Cette nation n'avait jamais fait
d'aussi riche conquête. Il s'en fallait de beaucoup dans ce
temps-là, que la consommation de la moitié de ses étoffes
de laine se fît en France, ainsi qu'on l'a prétendu : les
succès des manufactures de France, dans ce genre, l'as-
suraient même qu'elle perdrait bientôt en entier cette
exportation ; les vins de France étaient plus chers que
ceux de Portugal, et la balance de leur commerce avec la
France était très désavantageuse. Ce fut pour diminuer
ce désavantage que l'Angleterre favorisa dès lors l'importation des vins de Portugal, à cause de leur bas
prix. Telle était la situation de l'Angleterre, lors de
l'interdiction des étoffes de laine étrangères dans le Portugal. Nous nous proposons de dévoiler les motifs de
la délibération que prit alors la nation anglaise, et nous
tâcherons de faire connaître en même temps quels pouvaient être les véritables intérêts du Portugal, et ceux des
autres nations, dans l'espèce de commerce exclusif que
l'Angleterre sut se procurer alors.

A l'époque du traité désastreux que le gouvernement
portugais eut la faiblesse d'accorder à l'Angleterre, le
Portugal fournissait au commerce beaucoup de marchandises, tant de son crû que du crû de ses colonies ;
il en recevait aussi beaucoup qui lui manquaient. C'était
une sorte d'échange qui portait principalement sur les
vins indigènes, les laines, les raisins, les fruits confits et
les sels ; auxquels venaient se joindre les diamans et autres

pierres précieuses des colonies, les cotons, les sucres, les tabacs, le poivre, les bois du Brésil, les cuirs, les vins de Madère.

Ces nombreuses ressources sont considérablement diminuées à présent; mais il n'en faut pas moins pourtant que le Portugal reçoive certaines marchandises dont il ne peut absolument se passer. Cette nation n'ayant jamais fait beaucoup de cabotage, son intérêt a toujours consisté, comme à présent, à se procurer l'exportation et l'importation des matières commerçables de la manière la plus avantageuse; ce qu'il ne saurait obtenir autrement que par la concurrence la plus étendue des étrangers, qui peuvent acheter le superflu qui lui reste, et lui apporter les articles qui lui manquent. Aujourd'hui, le Portugal ne peut se procurer cet avantage, que par l'extinction des priviléges dont ont joui les Anglais, en vertu du traité du mois de décembre 1705.

Par l'art. 1er de ce traité, « le roi de Portugal s'oblige » d'admettre, dans son royaume, les draps de laine, » et les autres étoffes de laine de la Grande-Bretagne, » sur le même pied qu'avant les interdictions. »

Par l'art. 2, « la reine de la Grande-Bretagne s'o- » blige d'admettre les vins du crû de Portugal, et de » façon que lesdits vins, soit en tonneaux, soit en bar- » riques, ne paient jamais d'autres droits de douane, » ni quelqu'autre impôt que ce soit, direct ou indirect, » que ceux qu'on percevra sur la même quantité de » vins de France, en diminuant un tiers en faveur de » ceux de Portugal. »

Il est clair que le gouvernement du Portugal crut écarter, par ce traité, la concurrence des vins de France,

et se procurer le débouché des vins de son crû, en donnant aux Anglais un privilége exclusif, ruineux pour le
pays, en laissant subsister l'interdiction générale des
mêmes étoffes, fabriquées ailleurs qu'en Angleterre. Il
ignorait apparemment que les droits sur les vins de
Portugal, plus faibles d'un tiers, que ceux que payaient
les vins de France, existaient lors de ce traité, et que
cette différence avait été établie, long-temps auparavant,
par un acte du Parlement, et cela, uniquement pour
l'intérêt de l'Angleterre. En sorte que le Portugal don-
nait beaucoup aux Anglais par ce traité, sans rien recevoir d'eux en compensation.

Le gouvernement portugais avait été séduit par l'habileté du négociateur anglais, Metwin, qui eut l'art
de lui cacher l'intérêt qu'avait sa nation de donner la
préférence sur les vins de France à ceux du Portugal,
quoique ces derniers fussent en général d'une qualité
inférieure. Il y avait long-temps que l'intérêt de la nation anglaise était calculé. Les vins de France qui ont
toujours été plus chers que ceux du crû portugais nui-
saient trop à la balance de son commerce. C'est évidemment par cette raison que l'Angleterre n'a cessé
de les surcharger de droits, pour en diminuer la consommation, qu'il lui est impossible d'interdire absolument : c'est ainsi qu'une bouteille de vin de Champagne du
plus mauvais crû coûte encore aujourd'hui, à Londres,
quinze ou vingt schellings, tandis que le litre d'un bon
vin de Porto ne revient pas à cinq schellings.

Il est à remarquer que dans les quatre années qui
avaient précédé le traité de 1705, il avait été consommé

en Angleterre . . . . . . . . . . . 51,524
tonneaux de vins de Portugal. Pendant les quatre années suivantes, la
consommation ne s'éleva qu'à . . . 52,022 tonneaux.

L'augmentation ne fut donc que de. . . 698 tonneaux.

Ces chiffres sont officiels ; nous les prenons dans les
journaux de l'époque, qui les tiraient eux-mêmes des
registres de l'administration des douanes anglaises. Une
si légère augmentation ne peut assurément mériter l'attention, et on ne saurait l'envisager sérieusement,
comme une conséquence du traité.

De tels résultats prouvent suffisamment que le négociateur anglais Metwin, auteur du traité de 1703, a
trompé le ministère portugais ; qu'il n'accordait rien
par cet acte diplomatique, tout en obtenant un avantage immense pour sa nation et ruineux pour le Portugal. Aussi les Anglais ont toujours regardé le traité
dont il s'agit, comme un chef-d'œuvre en matière de
négociation. Les services que M. Metwin nous a ren-
dus, disait un écrivain anglais à l'occasion de ce
traité (1), « sont tels que tout bon patriote désirera
» qu'on lui érige une statue dans chaque ville commer-
» çante. Heureusement pour nous, le gouvernement du
» Portugal était sorti des mains du comte d'Ereicera.

(1) Ce passage est extrait du *British-Merchant*, journal qui
paraissait à Londres.

» Si ce ministre, qui était un homme très dangereux
» pour l'Angleterre, eût vécu du temps de M. Metwin,
» les ennemis de celui-ci n'auraient point eu ce traité
» à lui reprocher. »

Recevoir sans rien donner, c'est là, en effet, une
assez bonne maxime. Les Anglais ont raison de regarder le traité de leur ministre comme l'un des plus
heureux que la politique britannique ait jamais obtenu
d'aucune nation. Le service rendu à l'Angleterre, par
M. Metwin, dans le privilége exclusif qu'il donna à
sa patrie par le traité de 1705, d'introduire seule toute
sorte d'étoffes de laines dans le Portugal, *comme avant
les interdictions,* a eu pour résultat de faire passer tout
le commerce de cette nation entre les mains des Anglais. On conçoit que ces habiles marchands poursui-
vent encore aujourd'hui, nonobstant les clameurs du
ministère portugais, la continuation de tels avantages.

La décadence et la destruction ont toujours été la
conséquence infaillible d'une confiance aveugle apportée
dans les négociations avec une puissance machiavélique.
Le traité de 1705 avait fait tomber les manufactures
du Portugal, qui ne purent soutenir la concurrence des
manufactures anglaises auxquelles ce traité a donné
bientôt des accroissemens considérables. Et cependant,
le ministère anglais avait grand soin de faire valoir au
gouvernement de Lisbonne, la rigueur exercée contre
le commerce des vins de France, comme une *fidé-
lité* dans l'observation du traité, et un attachement
singulier aux intérêts du Portugal. Cette *duplicité* est
choquante. Il est bien évident que ce n'est point au
traité qui admet l'introduction des étoffes de laine

d'Angleterre, que le Portugal est redevable de la consommation de ses vins chez les Anglais, mais au bas prix de ses vins. C'est là seulement ce qui avait porté l'Angleterre, long-temps avant le traité, à les préférer aux vins de France, et à en favoriser l'importation pour l'avantage de la balance de son commerce, par une grande diminution de droits. N'est-ce pas un principe de commerce généralement reçu, que dans l'importation des denrées étrangères de première nécessité, il faut donner la préférence à celles de la nation qui les fournit au prix le plus avantageux.

Ce principe découle d'une maxime encore plus absolue, qui porte que la nourriture et le vêtement doivent se trouver dans l'État. Or, on ne peut pas conclure que l'un et l'autre doivent se trouver dans les productions naturelles de l'État, et dans l'industrie intérieure de ses habitans, mais que l'État doit se procurer ses besoins physiques et de luxe, par l'agriculture, les arts, l'industrie, et, principalement, par le commerce extérieur. Dans la situation actuelle de l'Europe, il n'est pas de nation qui puisse se suffire à elle-même. Le luxe a étendu ses besoins à l'infini, et l'habitude nous permettrait à peine de distinguer parmi nos besoins, si on voulait y faire attention, ceux qui ne sont que de première nécessité ou purement physiques, des besoins de luxe. Ce n'est que par le commerce, que chaque peuple peut se procurer tous ses besoins; et c'est par cette raison qu'on a calculé le degré de puissance des États sur l'étendue de leur commerce extérieur. C'est ce commerce qui attire abondamment la nourriture et le vêtement dans l'État, même dans celui qui n'a ni productions naturelles, ni manufactures. C'est par un bon système d'économie, de politique commerciale, et par de sages réglemens en cette matière, que la Hollande est devenue, après le Portugal, le magasin général de l'Europe, et de toutes les productions naturelles et d'industrie de toute la terre.

Nous pourrions invoquer à l'appui de cette doctrine, le mouvement progressif et salutaire qui s'opère aujourd'hui dans les États-Romains. Ce pays développe chez lui certaines industries, agrandit chaque jour ses échanges, et augmente ses consommations. La navigation qui se fait sous le pavillon pontifical étant fort insuffisante pour le commerce des ports de la Méditerranée, les négocians romains sont obligés, à la vérité, d'avoir recours à la marine étrangère, même pour le petit cabotage ; ce qui n'a point empêché le gouvernement romain de faire acheter, comme on sait, il y a quelque temps, trois bateaux à vapeur qui doivent être employés à remorquer les navires à voiles sur le Tibre. Ce nouveau système de remorque influera avantageusement sur le commerce maritime de Rome (1).

(1) Les navires qui transportent à Rome les marchandises, ne seront plus exposés à faire une longue station à Fiumicino, éloigné de huit lieues du port de cette capitale. La station de Fiumicino est si malsaine en été, que les armateurs étrangers préfèrent généralement s'arrêter à Civita-Vecchia, et y noliser à leurs frais des navires italiens pour le transport des articles à destination ou provenant de Rome.

L'industrie manufacturière et l'industrie agricole sont
heureusement mêlées dans ce pays, et se prêtent un
mutuel appui. Les tarifs romains sont modérés, leur
but est plutôt fiscal que protecteur, et ils laissent aux
échanges une très grande liberté ; en un mot, ils sont
calculés avec sagesse, ils pourraient servir de modèle
à plus d'un gouvernement. La presse, lorsqu'elle s'occupe du commerce et d'industrie, ne cite en général
que des faits relatifs aux grands États, et dans ses in-
vestigations, la France, l'Angleterre et les États-Unis
occupent le premier rang. Selon nous, c'est un tort :
il n'est pas sans intérêt de jeter les yeux quelquefois sur de petits États qui font moins de bruit dans
la politique commerciale du monde, et où il s'opère
néanmoins des améliorations qui, pour ne pas être
bruyantes, n'en sont pas moins réelles.

De ces considérations sortiraient d'utiles enseigne-
mens, particulièrement pour les États qui sont unis entre
eux par un rapport de situation et d'intérêts. Le Portugal
fournit à l'étranger une grande quantité de vins et de
sel. Ces deux sortes de productions ne peuvent y être
portées plus loin. Il est évident que la nation portugaise,
quelqu'industrie qu'on pût lui supposer, renfermée dans
ce local, ne peut être qu'une nation très pauvre, n'ayant
que fort peu de chose à donner en échange pour se
procurer les commodités de la vie. La Hollande sans
commerce extérieur, réduite à ses pâturages, au produit
de ses marais desséchés, aux terres bien cultivées qu'elle
possède, serait, comme le Portugal, dans la même
position, une nation indigente ; et, à ne considérer
que les avantages du sol, le Portugal serait moins pau-

vre. C'est donc du commerce extérieur que ces deux nations doivent tirer, aussi bien que d'autres encore moins favorisées, leur puissance et leurs richesses, qui seront nécessairement en proportion de leur industrie et de leur bonne administration.

Il est donc vrai que les principales ressources de la Péninsule seraient dans le commerce extérieur. Ce commerce, non seulement pourrait lui procurer abondamment tous ses besoins, mais encore étendre sa population et lui donner de la puissance au dehors. L'influence salutaire du commerce extérieur sur cette contrée, a été si bien sentie par ses hommes d'état, qu'elle a donné lieu à l'expédition de ces flottes nombreuses qui découvrirent le nouveau monde. Plusieurs de nos meilleurs écrivains ont marqué leur étonnement de ce que les Français naturellement si actifs, si entreprenans, ont compris si tard l'utilité du commerce extérieur, et les avantages d'une force maritime. Mais si l'on y pense mûrement, et si l'on consulte ce qu'a écrit sur ce sujet un des plus habiles et des plus grands ministres que la France ait produits (1), il ne sera pas difficile de remarquer les véritables causes de la lenteur avec laquelle ils se sont appliqués à des objets si importans, et à démêler les raisons du peu de succès qu'ont eu leurs premières entreprises. Il est évident que les Français n'avaient pas l'aiguillon de la nécessité, qui a

(1) Le cardinal de Richelieu, dans son *Testament politique*, ch. 1er, sect. 6.

produit des effets si surprenans sur les Vénitiens, sur les Hollandais, et particulièrement sur les Portugais. Que les Anglais ne viennent pas dire que c'est l'inconstance et la légèreté des Français qui les rendaient peu propres à des entreprises qui demandent un esprit calme, constant et flexible ; que leur impatience ne leur permettait pas de se fixer assez long-temps dans un lieu pour le rendre fertile , si le sol ne l'était pas naturellement, ni d'amasser des richesses , si elles ne se trouvaient pas sous leur main (1). De pareils motifs seront tou-

(1) Voici un passage assez curieux que nous trouvons dans un écrit anglais : « Sous le règne de Louis XII , et au mois » de juin 1503 , un capitaine français nommé de Gonneville , » doubla le cap de Bonne-Espérance , et découvrit un grand » pays auquel il donna le nom d'*Indes Méridionales* , il y de- » meura environ six mois , et revint avec le fils d'un roi du » pays. On ne s'est néanmoins donné aucune peine pour sui- » vre cette découverte ; la déclaration de Gonneville et de son » équipage aurait cependant tenté toute autre nation. Si les » Anglais avaient eu la même indifférence, les Espagnols et » les Portugais seraient restés seuls maîtres de l'Amérique et » des Indes , jusqu'à nos jours ; car il est à remarquer que ce » fut près de quarante ans après cette singulière aventure , » que François Ier publia son édit pour exhorter ses sujets à » entreprendre des voyages de long cours , *et à les engager à* » *faire quelques tentatives par mer plutôt que de passer leur* » *vie à entretenir des troubles qui , en ce temps là , désolèrent* » *une partie de l'Europe.* »

Ce morceau offre un échantillon de la manière dont on écrit l'histoire en Angleterre. Il est vrai que les mémoires du temps

jours entachés de cette partialité injuste qui caractérise nos bons voisins d'outre-mer. Pour le prouver, il suffit de jeter un coup d'œil sur la possession des Indes que nous avons partagée avec les peuples de la Péninsule, avec les Hollandais, et les Anglais.

Les Portugais vinrent d'abord dans les Indes (1) avec peu de forces, qui bientôt devinrent supérieures à tout ce qui voulut s'opposer à eux; ils surent profiter des

et plusieurs circonstances curieuses confirment l'authenticité du fait de la navigation du capitaine de Gonneville. Il est encore vrai que François Iᵉʳ a engagé ses sujets à entreprendre des voyages de long cours pour l'honneur de la France, et pour leur propre avantage. Mais voilà tout : que nos *Considérations* servent à détruire les insinuations peu gracieuses des écrivains anglais à l'égard de notre pays. Nous l'avons dit : Si les Français n'ont pas été les plus pressés à tirer profit des découvertes du Nouveau-Monde, c'est que les ressources naturelles de leur pays leur ont long-temps permis de s'en passer. Ils n'étaient pas excités, comme d'autres États, par l'aiguillon de la nécessité.

(1) Le commerce des Indes avait appartenu aux Vénitiens, anx Génois, aux Pisans, aux Florentins et aux autres États de l'Italie, qui s'élevèrent sur la ruine de l'empire grec qui enrichit le plus les États d'Europe. Les marchandises de l'Orient que les différens peuples de l'Italie distribuaient dans le Nord, furent une source de richesses, et le fondement d'une marine, qui en peu de temps élevèrent les Vénitiens en particulier au rang le plus respectable de l'Italie, et de la principale puissance maritime de l'Europe, lorsqu'elle n'était, auparavant, qu'une poignée méprisable de fugitifs.

conjonctures favorables, et devinrent, pour ainsi dire, tout d'un coup maîtres des Indes. Les Hollandais, ayant le commerce des épiceries en vue, tombèrent sur cette partie de ces établissemens des Portugais, où ils étaient les plus faibles ; les riches cargaisons qu'ils en rapportèrent dans leur pays, où bien des personnes avaient de l'argent, et où un plus grand nombre n'en avaient point, mais était prêt à tout entreprendre pour en gagner, excita aisément le courage qui emporte tout ce qu'il rencontre, et par lequel ils ont établi un empire bien plus vaste, et plus riche que ne le sont leurs États en Europe (1). Les Anglais ont tenu le milieu entre les Portugais et les Hollandais. Quand toutes les nations allèrent aux Indes (2), elles étaient déjà depuis du temps

(1) Lorsque la guerre s'alluma en Europe, en 1689, les Hollandais se trouvèrent dans un état si florissant aux Indes, qu'ils purent profiter, comme d'une conjoncture très favorable à leur commerce, de l'occupation qu'eurent alors les flottes de la France.

(2) Après les Portugais (qui s'emparèrent de ce commerce, lorsqu'ils découvrirent la route directe par mer en doublant le cap de Bonne-Espérance) ; après les Espagnols (qui, par émulation, y participèrent en découvrant un nouveau passage par le détroit de Magellan) ; après les Anglais, les Hollandais et les Français, les Danois vinrent à leur tour visiter ces mers reculées, les Suédois vinrent ensuite ; ils furent les derniers, tant relativement à leur navigation, qu'à leur situation dans la partie de l'Europe la plus éloignée, puisqu'ils font presque le tour du globe pour se rendre en Chine.

formées au commerce, et en état de faire les frais de
leurs établissemens. Il n'en fut pas de même des Français; ils vinrent les derniers, lorsque le commerce des
Indes était déjà entre les mains d'autres nations qui
avaient des fonds et de l'expérience; ils rencontrèrent
de grandes difficultés pour s'établir, et, après les avoir
vaincues, ils eurent peu de soutien chez eux : malgré
cela, par leur patience à supporter les difficultés, par
leurs efforts pour les surmonter, et avec la résolution
de rester où ils étaient aussi long-temps qu'il leur serait
possible, ils sont venus à bout de leurs desseins. Rien
ne prouve mieux qu'il n'y a point d'obstacles que la
patience ne surmonte, et que s'il est une nation qui
n'a pu se former à cette vertu, ce n'est certes pas la
nôtre.

En ce qui touche la situation actuelle des peuples de
la Péninsule, nous avons fait remarquer qu'à la vérité
les productions naturelles et d'industrie ne peuvent leur
fournir, à présent, un fonds suffisant pour l'étendue du
commerce extérieur; que le Portugal en particulier ne
peut se passer, moins que jamais, des denrées étrangères; mais que c'est précisément à cette pénurie que
ces nations doivent suppléer par un bon régime d'économie commerciale, comme ont fait la Hollande, le
gouvernement pontifical et les autres États qui, dans
un pays stérile d'une très-médiocre étendue, ont pourtant un commerce florissant. Pour arriver plus sûre-
ment à l'économie salutaire dont nous voulons parler,
il est nécessaire que la nation portugaise établisse chez
elle, comme nous l'avons observé, la plus grande concurrence possible sur les marchandises dont elle a be-

soin. Elle diminuera par là la valeur des denrées étrangères, et donnera un plus haut prix à celles de son crû
et du crû des colonies qui lui restent ; enfin, elle diminuera ainsi la perte qu'elle pourrait éprouver dans sa
balance commerciale. Or, la condition indispensable à
cette concurrence, *c'est que le cabinet de Lisbonne ex-
clue de ses traités les priviléges du monopole.* L'extinction
de toute sorte de privilége est un principe fécond, par
la concurrence. C'est au moyen de ces priviléges que
les Anglais font seuls le commerce de Portugal ; c'est
par eux qu'ils ont pu envisager le traité de Metwin
comme une véritable conquête. Dans le commerce de
Portugal, il n'y a eu, en effet, jusqu'à présent, de portugais, que le nom ; cet état de choses ne peut durer
plus long-temps. C'est ce commerce injuste, ruineux
pour cette nation, et attentatoire aux libertés des autres
États commerçans, qui, nous ne saurions trop le répé-
ter, doit fixer la première attention de quiconque jette
les yeux sur les intérêts du commerce en Europe.

Il est temps que le gouvernement portugais use enfin
de son droit d'admettre la concurrence des autres nations pour l'importation des denrées et marchandises
qui lui sont nécessaires. Cette égale concurrence est
impérieusement exigée par l'intérêt de son commerce.
Il peut le faire sans que l'Angleterre puisse se plaindre,
sans craindre même qu'elle veuille surcharger de nouveaux droits les vins de Portugal ; parce que l'Angleterre
a trop d'intérêt, nous le rappelons, à continuer l'introduction de ses marchandises et de ses denrées dans ce
pays, et à tirer des vins de Portugal pour conserver les
avantages de sa balance. Cette dernière considération

nous porte à dire qu'en matière de commerce, c'est une erreur de croire que l'Angleterre tient le Portugal dans sa dépendance. La nécessité où sont les Anglais de conserver un débouché pour les produits de leurs fabriques, et de préférer, plus que jamais, les vins de Portugal aux vins de France, dont le prix est presque triplé depuis 1705, et les avantages prodigieux de sa balance, prouvent bien que l'Angleterre dépendrait plus du Portugal, s'il était possible, que le Portugal de l'Angleterre.

Le traité de 1705 n'a été qu'un simple traité de commerce ; il n'était relatif à aucun traité de paix, et le gouvernement portugais n'avait contracté d'autre engagement que celui de permettre l'entrée des étoffes de laine d'Angleterre, dans ses États, *sur le même pied qu'avant les interdictions*. Il est évident que le Portugal a pu toujours faire un pareil traité avec toute autre nation, même sans donner atteinte à celui de 1705 ; mais surtout sans que l'Angleterre puisse s'en plaindre. La liberté donnée aux Anglais d'introduire leurs étoffes de laine n'était pas un privilége exclusif aux termes du traité, par lequel le Portugal ne s'est point dépouillé de la faculté d'accorder la même permission à toute autre nation ; or, aujourd'hui, le gouvernement portugais veut faire usage de son droit. Il reconnaît que son intérêt exige qu'il accorde une concurrence égale d'importation à toutes les nations qui peuvent lui fournir les mêmes étoffes de laine d'aussi bonnes qualités, et les mêmes denrées qui lui manquent, au même prix que l'Angleterre ; que cette concurrence serait un moyen efficace pour obtenir peut-être un meilleur prix. En effet, la France, surtout depuis la paix d'Utrecht, temps auquel elle ne faisait pas la moindre exportation, n'est-elle pas en état de se livrer au même genre de commerce que l'Angleterre? Sa puissance maritime est heureusement assez considérable pour lui permettre de partager, avec la marine des autres États commerçans de l'Europe, une concurrence qui doit la dédommager des nombreux sacrifices qu'elle a faits pour arriver à cet état de choses.

On a dit long-temps que le Portugal, sans ignorer les intérêts de son commerce, croyait avoir besoin de l'Angleterre contre les autres puissances de l'Europe ; qu'il regardait les avantages ruineux accordés aux Anglais comme une espèce de subside, comme le prix d'une protection nécessaire ; que les Portugais ne sauraient secouer le joug britannique sans être obligés de le reprendre : nous demanderons aux hommes sérieux et de bonne foi, quels ont été les effets de cette protection politique et commerciale pour le Portugal. La Grande-Bretagne a-t-elle formulé un protocole pour empêcher le Brésil de se détacher de la métropole? Les Anglais ont-ils brûlé une amorce pour retenir au Portugal le plus beau fleuron de sa couronne? Il ne convient pas à un écrivain modéré de faire des réflexions qui déshonorent une nation, ni de mettre au rang des faits de simples présomptions, lorsqu'on ne peut produire de garans pour mettre ces faits au-dessus de toute contradiction. C'est la raison qui nous engage à passer légèrement sur les négociations suivies par l'Angleterre dans la question d'indépendance du Brésil. Bornons-nous à dire que tant que les Anglais ont eu besoin du Portugal pour exercer une sorte de droit de propriétaire sur les mines de la colonie du Brésil, ce pays est resté à la couronne de Portugal ; mais que dès qu'un intérêt si grand est venu à s'évanouir, la Grande-Bretagne n'a plus rien fait pour la métropole. Si ces considérations particulières ne suffisaient pas pour détruire le prétendu motif politique qui perpétuerait le privilége que le gouvernement portugais a si malheureusement donné sur son commerce à la nation britannique, il serait facile de convaincre par quelques réflexions naturelles sur les intérêts des puissances à l'égard du commerce général. En effet, laisser l'Angleterre entretenir une protection, qui n'est qu'un vasselage ruineux pour la Péninsule, c'est vouloir détruire ou restreindre infiniment le poids du crédit des autres puissances maritimes dans le corps politique de l'Europe. Qu'on y prenne garde : les yeux de toute l'Europe doivent être ouverts sur les moindres démarches de l'Angleterre. Il est à craindre que la puissance de la Grande-Bretagne, que le commerce fortifie tous les jours, ne prépare des fers à tous ses voisins, et qu'elle ne fasse pencher entièrement de son côté la balance politique.

En général, on doit envisager le commerce d'une nation comme un bien public, comme le domaine des autres nations commerçantes qui ont un intérêt solidaire dans sa liberté. Cet intérêt ne saurait être un motif légitime d'opposition à main armée aux avantages

accordés par un traité particulier, tel que celui dont
a joui l'Angleterre pendant près d'un siècle, et demi ;
mais cet intérêt armerait avec justice les nations commerçantes contre celles qui formeraient des entreprises
sur le commerce du Portugal, non seulement à force
ouverte, mais même par des voies frauduleuses ou diplomatiques, si la liberté de ce commerce était établie
sur de bons principes. Nul doute que la France et toutes
les puissances maritimes donneront au gouvernement
portugais, dès que celui-ci leur offrira l'entière liberté
de son commerce, les sûretés d'une alliance défensive
qui, en assurant la liberté du commerce, serait une
protection utile, bien supérieure à celle de l'Angleterre, et releverait en même temps, le crédit du gouvernement portugais, dont le patronage, que la Grande-
Bretagne s'arroge, blesse également les intérêts et la
dignité.

La liberté est l'unique principe sur lequel il semble
que le Portugal puisse relever son commerce, et la
Péninsule redevenir florissante. Le commerce, chez
un peuple civilisé, n'a besoin que d'être libre pour
prospérer ; or, si quelques peuples l'ont favorisé, les
Anglais n'ont jamais fait que le gêner ailleurs que chez
eux, et l'arrêter dans sa marche. Sans cette liberté,
que peuvent produire les efforts de l'industrie des négocians français, ou autres ? Mais aussi, sans le secours
d'aucune protection locale, ni d'aucune négociation politique, comment établir une concurrence si précieuse
aux intérêts de tous ? Comment le commerce de la Péninsule pourrait-il renaître, tant que les marchands ver-

ront les ministères qui se succèdent, être les très-humbles
serviteurs de l'Angleterre (1)? La sûreté, la confiance
nécessaires pour les entreprises ne peuvent exister tant
que durera cet état de choses; et cette confiance, cette
sûreté seront ensuite d'autant plus grandes, qu'en se
confiant à l'État, le marchand ne se confie qu'à lui-
même. C'est par la libre concurrence que les marchands
indigènes sont encouragés dans leurs efforts; c'est par
là seulement qu'ils acquièrent des vues; et c'est ainsi
que, par des efforts successifs, cette concurrence porte,
de jour en jour, le commerce, les arts et l'industrie,
à leur perfection.

La plupart des écrivains ont attribué le mauvais état
de l'agriculture et du commerce de la Péninsule, au
défaut des manufactures et principalement aux mines
du Pérou. On est étonné, dit Montesquieu, en ce qui
touche les mines, de voir les nations s'enrichir des
trésors de l'Amérique, et les États, propriétaires de ces
mêmes trésors, s'appauvrir; c'est dans ces mêmes trésors que M. de Montesquieu trouve la cause de leur im-
puissance. Qu'on nous pardonne d'attaquer ici cette
opinion; nous nous fonderons sur ce qui est dit dans
l'histoire des découvertes du Nouveau-Monde. Lorsque
les Espagnols découvrirent le Pérou, par exemple, ils
trouvèrent des maisons meublées et couvertes d'or, les
terres cultivées, des mœurs, une bonne police, des

---

(1) Les événemens montrent clairement que cette phrase doit
s'adresser en particulier aux hommes d'État de l'Espagne.

hommes bien nourris et bien vêtus à leur manière, enfin
du commerce, des arts et de l'industrie; tout cela pro-
portionné, bien entendu, à la dose de connaissances
humaines que ces peuples pouvaient posséder avant
d'avoir reçu les premières étincelles de la civilisation.
La langue des Indiens n'avait point de terme pour ex-
primer l'indigence que l'avidité des Européens leur
a fait connaître. D'où il résulte que la pauvreté n'est
point la compagne naturelle et nécessaire de la pro-
priété des trésors des mines d'or et d'argent. A la vérité, c'est le mauvais état de l'agriculture et du commerce de la Péninsule, qui cause la ruine de cette contrée; mais il ne faut pas attribuer cet affaiblissement
des deux sources principales de la prospérité du pays,
aux mines du Brésil, ni au trésor des Indes-Occiden-
tales. Pour peu qu'on veuille réfléchir sur l'histoire des
peuples de la Péninsule, on verra que le premier
malheur de ces peuples a été peut-être qu'en enrichis-
sant trop les autres États, ils se sont appauvris relativement. Mais cela est loin de détruire cette opinion
que, ce qui a consommé la ruine de cette contrée,
c'est le système machiavélique qu'observe la Grande-
Bretagne à son égard, et la *protection* que les Anglais
ont bien voulu accorder au Portugal.

Qui oserait nier que l'Angleterre n'ait commencé la
ruine du commerce de l'Espagne, en se livrant elle-
même à un commerce d'interlope dont la concurrence
n'était pas supportable. C'est avec ces moyens frauu-
leux qu'elle a fait la ruine des finances de cet État, et
qu'elle a fait cesser le commerce que les autres nations
faisaient par des voies légitimes. A l'époque dont nous

parlons, le commerce de l'Amérique était envahi clan-
destinement par les Anglais. Les navires espagnols qui
se livraient au même commerce, se flattant de l'avantage qu'ils devaient retirer de leurs droits nationaux,
ne trouvaient en Amérique qu'une abondance excessive
au lieu de besoins. Ils arrivaient trop tard ; les frau-
deurs anglais avaient profité avant eux, et ils se voyaient
obligés de délivrer leurs marchandises à un prix exces-
sivement bas. Plus tard, grâce au traité de l'*Asiento* (1)
si contraire aux intérêts du commerce d'Espagne, les
Anglais eurent l'art de porter également un commerce clandestin aux Indes Occidentales. A la faveur
de ce traité doublement ruineux pour le commerce de
l'Espagne, ils recueillirent des avantages infiniment su-
périeurs à ceux qu'ils avaient obtenus précédemment
dans les mers du Sud. Ce coup-d'œil rapide suffira
pour démontrer l'énormité du préjudice que la fraude
anglaise a fait alors aux finances d'Espagne, et au commerce des nations Européennes qui ne prenaient aucune part dans le commerce clandestin. Il est évident
que la Grande Bretagne tirait par là, à meilleur marché
que les autres nations, toutes les denrées des Indes Oc-

(1) En 1713, par le traité d'Utrecht, le roi d'Espagne cède à
la couronne d'Angleterre, Gibraltar et Minorque. Philippe V
accorda en même temps aux Anglais pour le commerce de
l'Amérique, des priviléges refusés aux Français ; les premiers
obtinrent l'*Asiento* des nègres pour trente ans.

5

cidentales, que les autres nations étaient obligées de tirer des ports d'Espagne, chargées de frais de toutes sortes, du frêt maritime, des droits de douane, de commissions diverses. L'avantage pour les Anglais était d'autant plus important, qu'ils trouvaient dans l'entrepôt qu'ils avaient eu soin de se ménager à Cadix, le débouché de la meilleure partie des produits de leurs manufactures, qu'ils vendaient aux Espagnols avec des avantages que le commerce indigène ne pouvait offrir, attendu l'excessive différence de prix entre les marchandises introduites en fraude, et celles qui sont introduites chargées de droits.

Le commerce interlope a été sans doute le monopole le plus nuisible, le plus destructif et le plus odieux qu'ait exercé l'Angleterre sur le commerce de l'Europe vis-à-vis de l'Espagne. Les Anglais ont commis par là un vol manifeste au détriment de l'Espagne et de toutes les autres nations qui ont fait avec ce pays un commerce légitime. On a vu aussi quelles ont été les suites du traité de 1703 pour le Portugal. Que des anglais viennent dire après cela, que l'Angleterre est la première nation de l'Europe, la plus industrieuse, la plus magnanime, la plus vertueuse, une nation qui veut punir de mort et réprimer par toutes les voies possibles le monopole et le commerce clandestin ! On la voit cependant se livrer elle-même, sans honte et sans mesure, avec violence, à main armée, sans respect pour la foi publique et pour les traités, à ce monopole et à ce commerce interlope. C'est ainsi que la presse française s'occupe encore à présent de la traite des nègres qu'il est prouvé que les Anglais continuent de faire (1), tout en exerçant le droit de visite qui leur a été concédé. L'impartialité de l'Angleterre n'est-elle pas bien édifiante ? Aux yeux de l'Anglais, le commerce clandestin qui se fait sous le pavillon britannique, est un commerce légitime, tandis que c'est un crime punissable pour les autres nations !

On pourrait demander à propos de l'Espagne, quelles sont les lois de l'Angleterre; de quelle nature est sa jurisprudence à l'égard des autres nations ? C'est une loi de toutes les nations qui ont des colonies, que le commerce est interdit aux étrangers directement ou indirectement, et que les vaisseaux en contravention sont saisissables. Cette loi d'autant plus naturelle qu'elle est réciproque, n'avait pas besoin d'être reconnue dans un traité. Cependant, la nation britannique l'a formellement reconnue et en a solennellement promis l'exécution dans le traité d'Utrecht. Ce qui n'a pas empêché ses hommes d'État et ses écrivains de soutenir que l'Angleterre avait le droit d'entretenir un commerce entre la Jamaïque et les possessions espagnoles. N'était-ce pas là en d'autres termes mettre en principe que le commerce frauduleux qui se fait en Angleterre, est un cri-

(1) Une lettre de Saint-Louis, du Sénégal, en date du 13 avril, annonce que le brick français *la Vigie* a capturé un négrier sous pavillon anglais. Les exemples de ce genre se multiplient tous les jours, principalement à la côte orientale de l'Afrique. La prise de *la Vigie* va être déférée aux tribunaux : espérons que justice prompte et rigoureuse sera faite.

me capital, mais que c'est entre ses mains chez toutes les autres nations, un commerce légitime ?

C'est cet abus qui a d'abord ruiné Cadix et le commerce de l'Espagne. Ce sujet a particulièrement occupé les hommes spéciaux ; il a été traité depuis long-temps dans un grand détail par des écrivains très éclairés et très instruits. Il ne nous appartient pas de toucher après eux une matière qu'ils ont suffisamment éclairée. Revenons au Portugal dont on ne s'occupe presque plus, en ce qui concerne son commerce, depuis la perte que ce pays a faite de ses colonies.

On a vu sur quels principes le commerce de l'Angleterre s'est élevé en Portugal, et sur quels élémens il s'est soutenu jusqu'à présent dans un état de prospérité qui doit fixer l'attention de la diplomatie européenne. Il semble en effet que le Portugal n'ait possédé d'immenses trésors que pour s'appauvrir sans cesse et enrichir l'Angleterre. Les fautes commises à différentes époques par ses gouvernans, ont pu contribuer sans doute à cet état de choses. C'est peut être l'idée inexacte d'une protection utile qui leur a fait regarder les projets d'affranchissement comme impraticables. Cette disposition qui ne règne que trop parmi les hommes de tous les pays, contribue souvent plus à les tenir dans l'indigence et dans la misère, que la stérilité de la terre ou toute autre cause physique. Mais tous les maux locaux peuvent être extirpés, dès-lors qu'on veut bien adopter la possibilité de leur guérison. Une pareille disposition n'a pu régner plus long-temps dans l'esprit d'une nation qui fut si prompte à toutes les entreprises les plus difficiles et les plus dangereuses : elle ne renonce

maintenant pas à l'entreprise la plus favorable. Le ministère portugais se propose d'affermir son gouvernement, de diminuer les priviléges destructifs, de réformer un abus contraire aux intérêts du commerce et de l'industrie indigènes, aussi bien qu'à ceux des États de l'Europe, qui ne sont pas l'Angleterre. Le cabinet de Lisbonne aura-t-il le zèle et l'étendue de génie qu'exige l'exécution d'un tel projet, sans s'effrayer des menaces de la Grande-Bretagne; aura-t-il la force nécessaire pour surmonter tous les obstacles? Nous l'espérons bien : toutes les nations commerçantes devant concourir au succès des moyens auxquels la Péninsule peut avoir recours dans le but de son affranchissement politique et commercial. Pressentir qu'un jour viendra où la liberté du commerce de l'Espagne et du Portugal sera généralisée, c'est faire le plus grand éloge des cabinets et de la diplomatie qui arriveront à l'introniser.

La plus grande gloire d'Alexandre a été d'avoir, avec une poignée de monde, pénétré au travers du plus vaste empire jusqu'en Asie, et d'avoir le premier conduit les Européens jusques sur les bords du Gange. C'est donc un grand honneur pour ceux qui ont vécu dans des temps fort postérieurs, d'avoir entrepris, avec des forces bien inférieures, de fonder le commerce de l'Europe dans le Nouveau-Monde. Or, ce n'est pas seulement un tribut d'admiration que les nations commerçantes doivent à ces immenses travaux des Portugais, c'est aujourd'hui un appui énergique contre les tentatives de la Grande-Bretagne.

Il est incontestable que l'Angleterre fait le commerce de Portugal, presqu'en entier, depuis près de deux

siècles : qu'elle s'en est emparée par la concession d'un
privilége exclusif et ruineux ; qu'il faut que le Portugal retire enfin son commerce d'entre les mains des
Anglais, ce qui ne peut se faire que par la destruction de ce privilége, et le rétablissement de l'égalité.
La révocation de ce privilége était bien le premier pas
que le Portugal devait faire pour relever son commerce
envahi depuis le traité de 1703. Le cabinet de Lisbonne
veut sans doute regarder du même œil les négocians
de toutes les nations ; il prend l'initiative et veut admettre, avant l'Espagne, une libre concurence qui doit
faire renaître la prospérité de l'industrie et du commerce dans la Péninsule. Il est rigoureusement dans
son droit, et l'intérêt général exige cette opération. Il
y a assez long-temps que les *libertés* et les priviléges
britanniques existent dans ces royaumes ; et on ne voit
pas pourquoi la diplomatie ne viendrait pas s'élever
contre cette funeste prétention que s'attribue encore le
cabinet de Saint-James, d'interdire aux États le droit
naturel de faire des lois et des réglemens chez eux suivant qu'il les jugent nécessaires.

Les Anglais semblent ne voir dans le Portugal qu'une
province anglaise ; c'est ainsi que tous leurs actes, en
ce qui concerne cet État, tendent à convaincre l'Europe, qu'ils ne peuvent souffrir que leur commerce
soit astreint à une juste égalité, à une salutaire concurrence ; qu'ils regardent comme une perte ce qu'ils
n'accaparent point, ou ce que gagnent les autres nations ; qu'ils ont une ambition sans bornes, et qu'ils veulent s'emparer de l'empire de la mer et de la monarchie
universelle du commerce. Un ministère sage, actif, labo-

rieux, qui, dans tout autre État que la Grande-Bretagne, s'occupe du soin de rendre le commerce florissant,
est aux yeux des Anglais, une espèce de tyran, un
usurpateur de la liberté et des priviléges de l'Angleterre, qu'ils dénoncent comme tel à la puissance britannique. Nous avons vu dernièrement les feuilles anglaises se déchaîner contre l'occupation des îles Mar-
quises, d'Otaïti et des îles adjacentes qui, nous le
pensons bien, sont à présent irrévocablement acquises
à la France.

C'est à la puissance britannique que les peuples de
la Péninsule doivent leur ruine; on ne peut nier ce
fait qui est aujourd'hui acquis à l'histoire. Au surplus,
les Anglais feraient le même tort à tout autre État qui
leur livrerait son commerce. Ce sont les priviléges anglais qui ont fait la perte du Portugal; et la ruine de
ce pays existera tant que ces mêmes privilèges dure
ront. Les Anglais n'ont jamais fait qu'entasser les trésors du Portugal pour les envoyer en Angleterre. Cette
industrie destructive était bien de nature à ruiner le
pays, eût-il été encore plus riche. Il ne faut pas croire
que c'est parce que le Portugal ne saurait produire de
quoi nourrir et habiller ses propres sujets que les Anglais ont réussi à ruiner ce pays au moyen de ses fac-
toreries. La ruine de l'Espagne a-t-elle été moins inévi-
table parce que le pays offrait amplement la condition
de nourriture pour ses habitans? Il est certain que
quelques unes des provinces d'Espagne produisent
assez de grains pour nourrir tous les habitans de cette
monarchie, et surtout quand les pluies tombent à propos. Une récolte commune dans l'Andalousie, la Murcie,

la Vieille-Castille et quelques autres provinces, suffi-
raient pour nourrir l'Espagne entière pendant plusieurs
années, en employant les moindres précautions pour
profiter de cette abondance. Les Portugais n'eussent-ils
pas joui de la fertilité d'une contrée si voisine, au lieu
d'avoir recours aux ressources de pays plus éloignés.
Enfin, la Hollande a-t-elle été dans une position meilleure, elle qui n'a jamais eu de quoi nourrir et habiller la meilleure partie de ses habitans? Et d'ailleurs,
pour ce qui est de l'habillement, les Portugais n'a-
vaient-ils pas les produits des manufactures qui florissaient chez eux avant les importations anglaises? Ce
qui a ruiné le Portugal, ce qui le ruinerait jusqu'au
bout, ce sont les privilèges qui ont donné aux Anglais
la facilité de faire passer chez eux toutes ses richesses.

En ce qui concerne les intérêts de la Péninsule, il
faut bien se garder de consulter les écrivains de la
Grande-Bretagne. Le Portugal, quoiqu'ils en disent,
aura toujours les moyens de faire face aux besoins de
ses habitans, sans le secours particulier de l'Angleterre.
Il avait fort heureusement d'autres ressources que l'or
et l'argent de ses anciennes colonies : sans quoi sa
ruine serait assurée depuis long-temps. Les productions
du sol qui forme à présent les débris de cette vieille
monarchie peuvent lui permettre de prendre dans le
commerce d'échange qui est nécessaire à ses besoins,
une autre part que celle que l'Angleterre lui a dévo-
lue. Des encouragemens, de sages réglemens peuvent
animer l'agriculture, l'industrie, et rendre le commerce florissant. Le Portugal a un fonds inépuisable
de richesses; c'est dans la manière de faire valoir ce

fonds, c'est en profitant de tous ces avantages par des voies également naturelles, simples et faciles, que cette nation pourrait redevenir heureuse. Que la puissance anglaise vienne à s'évanouir dans la Péninsule, et l'on verra le Portugal reprendre le rang qui lui appartient comme nation essentiellement commerçante.

C'est une maxime incontestable qu'un pays qui envoie toujours moins de marchandises ou de denrées qu'il n'en reçoit, s'appauvrit sans cesse. Cette maxime serait aussi accablante pour le Portugal, si cette contrée ne savait s'affranchir du vasselage de l'Angleterre. Tant que la Péninsule a eu l'or comme produit de ses mines, les Anglais ont pu se réjouir de l'anéantissement de l'agriculture, de l'industrie et du commerce dans cette contrée. Mais aujourd'hui qu'il n'en est plus ainsi, le moment ne devrait-il pas être plus favorable à l'émancipation portugaise ? Si on veut admettre cette influence morale et nécessaire de la Grande-Bretagne sur la nation portugaise, qu'*elle veut bien protéger contre les envahissemens possibles des autres puissances de l'Europe*, n'est-on pas tout aussi fondé à dire que l'on conçoit parfaitement que le Portugal vienne aujourd'hui témoigner le désir de s'affranchir d'une domination qui est devenue beaucoup moins profitable à l'Angleterre. Faire de nouveaux traités Metwin dans la situation actuelle du Portugal, ce serait consentir à aggraver le mal qui le ronge, ce serait vouloir ajouter au mal un mal encore plus grand.

Nous n'avons plus à nous occuper de la question de savoir si l'intérêt du commerce portugais, usurpé sur le Portugal, exige que le cabinet de Lisbonne, aidé de la diplomatie européenne, s'affranchisse de la servitude anglaise. Il ne s'agit plus que d'examiner les droits qu'a le Gouvernement de détruire cette usurpation, nonobstant la résistance et les ajournemens menaçans de l'Angleterre ; si, en un mot, le ministère portugais peut user du droit de régler comme il le juge à propos l'administration du royaume.

L'attribution singulière d'un privilège exclusif fait à une compagnie dans un État de quelque branche de son commerce, peut sans doute présenter un pernicieux monopole à l'égard des sujets d'un même État. Nous n'en prenons pour exemple que la compagnie royale des vins de Porto qui a fait quelque bruit dans le monde. Avant son établissement, l'étranger avait la liberté de parcourir tous les vignobles, d'en choisir le meilleur vin et de l'acheter au meilleur prix. Depuis, un canton a été assigné aux acheteurs ; il ne leur fut plus permis d'étendre leurs emplettes hors des limites de ce canton qui produit du vin tant bon que mauvais. La liberté du commerce a été évidemment gênée : ce qui justifiait très bien ces plaintes réitérées qu'on entendit long-temps parmi toute la nation, sur l'injustice de ce monopole, à la faveur duquel un corps de marchands particuliers assouvissait son avarice aux dépens de tous les sujets portugais. Mais il n'est pas possible de concevoir la même idée du privilége exclusif à l'égard d'une nation étrangère : il est contraire à l'esprit d'un gouvernement libre, et aux principes d'une bonne administration commerciale ; enfin, il serait tout-à-fait *odieux*, et ne pourrait s'expliquer, *à moins que la nation étrangère n'ait acquis sur l'État dont il* s'agit, un droit de souveraineté, le droit de lui imposer des lois, et qu'elle ne l'ait entièrement soumis à sa domination. En présence des événemens ne serait-on pas fondé à croire que c'est là la prétention exorbitante et hardie que la nation anglaise s'attribue? Cette impression résulte, en effet, des discours menaçans prononcés dernièrement au sein du parlement d'Angleterre contre le cabinet de Lisbonne, parce qu'il ne veut plus subir les volontés du cabinet de Saint-James. Serait-il vrai que le Portugal attente par cette résolution aux droits, aux lois, aux libertés et aux priviléges de la Grande-Bretagne, et commet une innovation contraire à la teneur des traités, à la foi et à l'honneur d'un gouvernement? Il vaudrait autant dire que la France a dépassé la mesure de ses droits par sa glorieuse conquête d'Afrique, en détruisant la piraterie, et par la dernière occupation des îles de la mer pacifique, sans en avoir demandé la permission à l'Angleterre.

De quel droit les Anglais prétendraient-ils tirer, à meilleur marché que les autres nations, les denrées de la Péninsule, et inonder à la fois cette contrée de ses propres denrées? Où sont les titres sur lesquels ils se fonderaient pour revendiquer plus long-temps l'empire du commerce de cet État; et ces priviléges qui l'ont réduit à la condition servile d'une colonie anglaise? D'où viendrait au cabinet de Londres le droit de mettre des bornes à son industrie et de disposer à son gré de ses productions? Y a-t-il un traité entre l'Angleterre et le Portugal, qui oblige les Portugais à se laisser ruiner à perpétuité, sans se plaindre; qui interdise à ces derniers la liberté de faire le commerce comme ils l'entendent? S'il existait un pareil traité, il ne faudrait que le mettre à côté de la loi naturelle pour l'anéantir; à moins, nous le répétons, que le gouvernement anglais ne prétende que ce traité ne pût être regardé comme un *droit de conquête*, comme une servitude imposée sur une nation soumise à l'empire britannique, qu'une longue possession et une protection actuelle et nécessaire auraient rendue légitime.

Mais l'Angleterre ne présente ici ni possession, ni protection actuelle et nécessaire; on en reste convaincu après ce qui a été dit plus haut. Nous ne connaissons, d'ailleurs, d'autre traité que celui de 1703. Or, on a vu dans quel esprit et dans quel but il a été extorqué au gouvernement portugais. Ce traité ne saurait donc être regardé comme un titre constitutif des libertés anglaises, des priviléges, ou pour mieux dire, de la domination que la Grande-Bretagne voudrait continuer d'exercer arbitrairement sur le commerce de la Péninsule. Les habitans de ces contrées sont patiens: c'est pour cela sans doute qu'ils ont tout accordé aux Anglais préférablement aux autres nations qui leur offraient néanmoins les mêmes avantages. Les Anglais ont toujours employé la force ouverte et ont fait craindre une usurpation violente et tyrannique (1),

____

(1) La guerre récente des Anglais avec la Chine est une nouvelle preuve de ce que nous avançons. Si les Chinois avaient bien voulu consentir à se laisser empoisonner sans se plaindre,

tandis qu'on n'avait à craindre des autres que les efforts de l'industrie. Voilà le véritable motif de la *préférence* dont il s'agit.

C'est sur la supériorité de sa force qu'Albion s'est
toujours reposée ; mais, dans les mœurs générales de
l'Europe, il ne s'agit plus de force, il s'agit de droit.
Achevons de traiter la question du Portugal sous ce
dernier point de vue. Un traité de commerce entre
deux nations n'est considéré dans le droit public que
comme une convention par laquelle elles se relâchent
réciproquement du droit qu'elles ont de défendre les
marchandises prohibées, ou de les surcharger de droits.
Chacune des deux nations peut à son gré renoncer aux
avantages de cette convention et reprendre ses droits
sans que personne ait à se plaindre, parce qu'elle ne
fait rien contre la justice. Les contrats diplomatiques
ne sauraient être éternels et immuables ; il est au
contraire de leur essence, de pouvoir être changés
lorsqu'ils ne conviennent plus, Telle est la loi de tous
les traités ; celui de 1705 n'est pas d'une nature ex-

---

ils eussent été tranquilles chez eux. A propos des derniers événemens d'Irlande, un journal anglais, le *Standard*, contenait
cette bénigne allocution : « Voulez-vous donc persister à de-
» mander le rappel de l'union ? Insensés que vous êtes, *vous
» serez écrasés.* Irlandais ! ouvrez enfin les yeux, et voyez
» combien il serait facile à l'Angleterre d'accomplir cette me-
» nace. » Quelle logique ! !

ceptionnelle , et par conséquent se trouve soumis aux
mêmes conditions.

Admettons un instant que les couronnes de la Grande-Bretagne et du Portugal aient pu s'engager réciproquement d'une manière absolue et irrévocable par
le traité de 1705. Dans cette supposition même on ne
saurait reconnaître en ce traité l'idée d'aucune loi qui
justifie les prétentions exorbitantes que les Anglais re-
nouvellent aujourd'hui. S'il était vrai que le cabinet
de Lisbonne pût se dissimuler le vice de ce traité, qui
le rend nul, et le laisser subsister à perpétuité, y trou-
verait-on aucune clause qui interdise au gouvernement
actuel du Portugal l'usage du droit qu'il a d'admettre
dans ses États la concurrence commerciale de toutes les
autres nations, comme son intérêt l'exige ?

Comment ne paraîtrait-il point étonnant qu'une nation qui se dit civilisée comme l'Angleterre, puisse se
porter à contester même passivement à un pays le droit
dont nous parlons ? Les Anglais voudraient continuer
d'accaparer le commerce de la Péninsule, et mettre le
Portugal entièrement sur le pied d'une colonie qui ne
doit faire le commerce qu'avec la métropole ; les Portugais résistent à cette odieuse prétention qui leur a
été jusqu'à présent si funeste. Voilà ce qui explique
la rupture des négociations entamées à ce sujet.

On viendra dire peut-être que renverser l'influence
anglaise en Portugal, c'est renverser l'État. Si le fait
est vrai, nous ajouterons que le mal ne sera pas grand.
Ce n'est pas être révolutionnaire que de dire, dans le
cas dont il s'agit, qu'il serait nécessaire *de renverser*

*l'État, pour sauver l'État.* Le Portugal ne sera pas
moins riche, parce qu'il ne sera plus inondé des marchandises anglaises. Les peuples de la Péninsule ont
bien su travailler aux mines, ils sauront encore travailler la terre. Il est faux de prétendre que les habitans
de ces contrées sont trop indolens, trop peu avancés
pour cela. Dans tous les pays, dans tous les siècles, les
hommes ont été forcés de cultiver la terre, de pré-
parer des peaux de bêtes, de travailler les laines pour
satisfaire aux premiers besoins ; ainsi le fondement
de l'industrie, de l'agriculture et du commerce est
dans la nature : les premiers besoins ouvrirent les yeux
sur les choses de commodité. On choisit les laines, on
imagina le moyen de les employer, on établit des manufactures de drap : ce succès encouragea l'ouvrier et
le cultivateur, l'émulation anima leurs différens travaux, elle perfectionna la culture et l'industrie. L'art
n'eut pas besoin dans la Péninsule autant qu'ailleurs,
de s'essayer sur le chanvre et le lin ; les navigateurs
du Portugal d'abord, et de l'Espagne ensuite, allèrent
chercher la soie aux extrémités de l'Asie, et établirent
ainsi en Europe, comme nous l'avons vu, une troisième branche de commerce aussi considérable que celles
des laines, du chanvre et du lin. D'où on peut conclure que l'agriculture, l'industrie et le commerce peuvent renaître en Portugal. Ils y étaient avant la découverte des mines, et surtout avant l'envahissement
des Anglais ; ils y renaîtraient après l'abandon. L'ex-
pulsion des Maures fut le premier coup porté à l'agriculture en Espagne, l'anéantissement des priviléges de

l'Angleterre dans la Péninsule serait à présent le salut
de cette contrée.

Si on consulte l'histoire politique des colonies anglaises de l'Amérique septentrionale, on verra que la révolution des États-Unis fut nécessaire pour sauver ces
mêmes États de la ruine. L'acte d'indépendance du 4
juillet 1776 semble porter sa propre justification; il
fait un appel sérieux au monde impartial, en exposant
les principaux griefs que ces colonies pouvaient juste-
ment reprocher à la couronne de la Grande-Bretagne.
L'histoire de cette puissance, dit-il, est un tissu d'injustices et d'usurpations répétées, tendant toutes directement à établir une tyrannie absolue sur les États.
Les représentans du Congrès ajoutent : « A chaque épo-
» que d'oppression, nous avons demandé justice dans
» les termes les plus humbles; nos pétitions réitérées
» n'ont reçu pour réponses que des insultes et des
» injustices nouvelles..... Et nous n'avons pas manqué
» d'égards envers nos frères les Bretons. Nous les
» avons avertis, dans toutes les occasions, des tenta-
» tives que faisait leur législature pour étendre sur
» nous une juridiction que rien ne pouvait justifier :
» nous avons rappelé à leur mémoire les circonstances
» de notre émigration et de notre établissement dans
» ces contrées. Nous en avons appelé à leur justice et
» à leur grandeur d'âme, et nous les avons conjurés
» par les liens du sang qui nous unissaient, de désa-
» vouer ces usurpations qui rompraient inévitable-
» ment nos relations et notre commerce mutuel. Ils
» ont aussi été sourds à la voix de la justice et de la

» parenté. Nous devons donc céder et consentir à la
» nécessité qui ordonne notre séparation, et les regar-
» der, ainsi que nous regardons le reste du genre hu-
» main, comme ennemis pendant la guerre, et com-
» me amis pendant la paix. En conséquence, etc. »

Les bornes de cet écrit ne nous permettent pas de
suivre en détail l'histoire de l'indépendance des États-
Unis, pourtant si curieuse, et qui peut offrir aux observateurs bien des rapprochemens instructifs (1), qui
ne seraient pas étrangers au commerce des États de la
Péninsule ; mais il ne faut pas oublier de dire qu'a-
près le désastre de Burgoyne à Saratoga, la cour de
Versailles signa, le 6 février 1778, un traité d'amitié,
d'alliance et de commerce avec les États-Unis, et Louis
XVI fit signifier, le 14 mars suivant, au roi de la
Grande-Bretagne, qu'il avait reconnu l'indépendance
de ces États. Cette protection d'un grand roi, il faut
en convenir, a établi la liberté des Américains ; elle
a amené le traité de 1782, par lequel l'Angleterre a
dû reconnaître formellement l'indépendance de l'Amérique, après une guerre qui n'a duré que sept ans.
Les annales de l'antiquité et celles des temps modernes
n'offrent pas d'exemple d'une révolution aussi impor-
tante qui se soit opérée aussi rapidement. Cette révo-

---

(1) Si les politiques anglais étaient moins incorrigibles, ils
puiseraient dans l'histoire dont il s'agit de nombreux enseigne-
mens qui concerneraient actuellement l'Irlande et l'Écosse.

ution et tous ses résultats, furent les fruits de la politique anglaise dans ses possessions de l'Amérique
septentrionale. Aujourd'hui la puissance maritime des
États-Unis vient contrebalancer celle de leur ancienne
métropole. C'est ainsi qu'une direction de la Provi-
dence déconcerte quelquefois les prévisions humaines,
en couronnant certaines entreprises de succès plus
heureux que ceux-là mêmes qui les ont formées ne
pouvaient espérer ou pressentir.

Nous ne nous trompons pas en disant que toutes les
nations qui ont des manufactures ont également un
intérêt sensible dans le commerce de la Péninsule. On
peut, avec raison, considérer ce commerce comme un
débouché général des fruits de l'industrie européenne,
qui doit profiter aux autres nations, en proportion de
leur industrie. Il est donc permis de dire que le commerce du Portugal en Europe, de même que celui
d'Espagne, est un bien public qui est dans le domaine
de toutes les nations commerçantes qui ont un intérêt solidaire dans sa liberté ; d'où il faut conclure que
si quelqu'une d'entr'elles s'y procure de grands avantages sur les autres par des voies destructives, c'est
une tyrannie qu'elle exerce contrairement au droit des
gens (1), sur toutes les autres nations, comme sur la
Péninsule elle-même.

(1) Voyez le *Corps universel diplomatique*, tom. VI, 2ᵐᵉ
partie.

L'arithmétique des calculs politiques est née dans le terroir qui devait naturellement le produire, c'est-à-dire en Angleterre; mais nous ne savons pas que les Anglais de tous les siècles voudraient être des Newtons en cette science. La résistance du ministère portugais offre à la politique une belle occasion d'empêcher que cette arithmétique ne continue de profiter si bien à l'Angleterre, au désavantage des autres États. Le commerce anglais avec la Péninsule a été jusqu'à présent un commerce usuraire; que les Anglais soient donc enfin soumis à la mesure qui doit régler, en général, ler affaires commerciales. Les Juifs ont été jadis expulsés de France à cause de leurs usures: que les bâtimens anglais soient à leur tour repoussés des ports de la Péninsule, s'ils ne veulent y venir que pour la ruine de cette contrée.

Le commerce est le maître commun de tous les pays maritimes, au moins de ceux qui jouissent des avantages de leur situation; cela les rend naturellement jaloux de leurs progrès réciproques. Il ne faut pour s'en convaincre que lire les ouvrages qui ont été écrits sur cette matière. On ne doit pas être surpris que les peuples d'Europe aient entrepris tour à tour le commerce du Nouveau-Monde; ils y étaient excités par tous les motifs qui agissent le plus puissamment sur l'esprit humain. Or, l'expérience est venue prouver que la puissance et les richesses des États maritimes qui l'ont fait, ont augmenté ou diminué à proportion qu'ils ont su les conserver. Les Vénitiens qui en furent dépouillés peu à peu, virent leurs richesses s'épuiser aussi

par degrés, et leur marine s'affaiblir. Les Portugais
firent rapidement des conquêtes, et leurs richesses et
leur puissance ont diminué aussi plus lentement. Après
avoir été les maîtres des mers où leurs flottes parais-
saient, ils sont à peine en état de défendre aujourd'hui
les tristes débris de leurs vastes possessions. Les Espagnols ont très peu profité de leurs établissemens, surtout en Orient. Les Anglais et les Hollandais avaient
une marine quand ils commencèrent le commerce des
Indes, et au bout d'un demi-siècle, ils se disputèrent
l'empire de la mer avec de nombreuses flottes et avec
une opiniâtreté inconnue depuis que les Romains et les
Carthaginois avaient combattu pour le même objet.
Cette guerre a fini par s'apaiser, et les deux partis
ont fait des traités relativement à leurs possessions res-
pectives. Les Français ont souvent tenté, même avec
des forces assez considérables, d'établir leur commerce
maritime, et ils y ont réussi jusqu'à un certain point.
Le passé nous a offert les preuves de cet heureux
état de choses, en nous donnant des garanties pour
l'avenir qui nous appartient encore.

Mais il faut que la nation soit bien secondée par son
gouvernement et sa diplomatie. Les provinces, les
royaumes, les différentes parties du monde doivent à
la vérité se lier par des traités ; et les mers, qui sem-
blaient devoir séparer à jamais les continents, doivent être
pour ces derniers, le plus ferme soutien de leurs traités, et non pas servir à un esclavage. Elles doivent servir à assurer la fortune des commerçans *de chaque État,*
à favoriser les entreprises *de chacun,* et à les rendre

*tous* utiles à l'Europe et au monde civilisé. Nous ferons remarquer, en passant, que ce n'est pas à se sacrifier toujours que consiste l'art de ménager des voisins dont la jalousie, les haines, les intrigues, l'amitié souvent fausse, toujours intéressée, sont dangereuses à mesure que notre prospérité augmente. Ce n'est pas au prix de tels sacrifices que la France peut acheter l'art de prévenir leurs alarmes, de calmer leurs inquiétudes, de mettre un frein à leur ambition et à leur fierté, de captiver leur confiance, de fixer leurs irrésolutions. Nos hommes d'État peuvent bien étudier leurs penchans et leurs mœurs, sans les fortifier dans leurs injustices (particulièrement à l'égard de la Péninsule), afin de les comprimer au contraire, lorsque cela est nécessaire au bien de l'Europe. Ils mettront à profit leur abondance et leur industrie; feront tourner à notre avantage leurs intérêts, leurs besoins, leurs haines même, et cela, sans opprimer personne. Telles sont les branches du gouvernement extérieur.

Au surplus, ces maximes n'ont pas été ignorées jusqu'à présent. Nous avons vu la marine française, au dix-septième siècle, vaincre malgré la guerre qui se trouvait engagée contre presque tous les princes de l'Europe, et planter notre pavillon sur la majeure partie des Indes. Nous avions alors les Iles de France et de Bourbon, Madagascar ou Ile Dauphine, Pondichéry et quelques autres possessions à la côte de Coromandel, dans les États du Mogol et au Bengale. Nos possessions s'étendaient jusqu'aux côtes de Tonquin, de la Cochinchine, des îles adjacentes et de la Chine pour laquelle nous faisions partir nos vaisseaux qui commerçaient avec les peuples de ces contrées concurremment aux autres nations d'Europe (1). Il est vrai que plus tard, au dix-huitième siècle, en 1744, la guerre qui s'alluma avec la Grande-Bretagne mit en péril nos établissemens des Indes. Mais il ne s'agit plus de nouveaux établissemens à former ; il ne s'agit que d'empêcher les Anglais de s'installer définitivement

(1) Les écrivains qui ont fait l'histoire du commerce de France, parlent des compagnies qui se sont formées à différentes époques pour faire le commerce de la Chine. La première se forma en 1660, par les soins d'un riche marchand de Rouen, nommé *Fermanel*, qui s'associa plusieurs personnes de condition. La seconde compagnie de la Chine s'établit en conséquence d'un traité avec la compagnie des Indes orientales, en date du 4 janvier 1698. Elle se forma sous le titre de *Compagnie royale de la Chine*. La troisième compagnie fut tout à fait indépendante de celle des Indes orientales : elle se forma en 1715, et ne jouit pas d'une longue durée ; car elle se perdit avec toutes les autres compagnies, incorporées à celle des Indes.

Nous nous félicitons d'apprendre que nos rapports commerciaux avec la Chine sont à la veille de renaître. On assure que le Gouvernement a reçu des communications desquelles il résulterait que l'intention de l'Empereur est de nous donner directement accès dans son empire, tout comme il l'a fait à l'égard des Anglais. Par suite de cette nouvelle, une division navale va être expédiée, dit-on, dans ces parages. Cette expédition seconderait très bien les vues du commerce et de l'industrie, dont les entreprises pourraient être menées hardiment, puisque la Chine leur serait positivement ouverte, et qu'une force respectable les protégerait.

dans la Péninsule. Les cabinets actuels et la diplomatie sont appelés à produire une grande œuvre morale
et politique. Que la France prenne l'initiative, s'il le
faut. Il sera glorieux de voir consacrer en son nom,
les efforts de l'industrie générale et du commerce européen.

Le temps est passé ou les États commerçans de l'Europe, guidés par l'expérience, pouvaient regarder avec
mépris le commerce maritime de la France qui, après
des efforts multipliés, ne pouvait rien faire, malgré
toute sa puissance. Cette époque est heureusement éloignée ; et, à considérer notre puissance actuelle, on
l'envisagerait comme une fable, si elle n'était fondée
sur l'autorité des meilleurs historiens. Richelieu a commencé cette heureuse réaction (1), le grand Colbert
l'a continuée, et, aujourd'hui, nous n'avons plus que
des succès à constater. En défendant les intérêts maritimes et coloniaux à la tribune de notre parlement,
n'avons-nous pas entendu, il y a peu de jours, un illus-
tre orateur prophétiser en termes magnifiques l'avenir
maritime de notre pays? Il a montré la France assise
sur deux mers, conviée par cette situation si favorable
à déployer les voiles de ses vaisseaux sur la Méditerranée et les Océans, et à redevenir ce qu'elle a été

---

(1) Tous les auteurs de quelque poids, qui ont écrit sur le
commerce, reconnaissent le cardinal de Richelieu pour son fon-
dateur en France. Mazarin, Colbert, Louvois, Fleury, ont tra-
vaillé constamment, et plus ou moins heureusement, à l'exécution du plan qui était tracé.

sous Louis XIV, une grande puissance maritime. C'est tout un système que le député de Marseille est venu développer à la tribune, un système de politique grande, fière, féconde, qui s'inspire de la pensée du grand roi et des souvenirs maritimes du règne de Louis XVI et du gouvernement de la République ; un système vrai dans sa théorie et dans son application ; vrai dans ses conséquences, parce qu'il est la garantie indispensable de la conservation et du progrès de la grandeur française. Or, la question des sucres, qui venait soulever cette matière, n'était pas la seule engagée devant le pays. Le traité d'union douanière entre l'Espagne et le Portugal, que convoite la Grande-Bretagne, met en jeu des intérêts non moins sacrés pour nous. On nous a déjà porté un assez grand dommage par le changement arbitraire ordonné par Espartero, contrairement à tous les anciens traités avec la France, de la ligne de douanes, qui, de notre frontière où elle a toujours existé, a été reportée sur l'Èbre, depuis quelques mois. Nous venons ici réveiller l'instinct national sur ce point important d'intérêt politique et commercial. Nous devons espérer que le ministère ne laissera pas s'aggraver un tel état de choses ; qu'une si triste perspective pour la Péninsule elle-même disparaîtra bientôt et fera place à des présages mieux fondés, et dont une nouvelle politique, qui prévaudra en Europe à l'égard de cette contrée, sera la source. Il est sûr que, SI UNE ALLIANCE DOUANIÈRE ÉTAIT ÉTABLIE ENTRE L'ESPAGNE ET LE PORTUGAL, L'ANGLETERRE AURAIT ATTEINT LE BUT AUQUEL ELLE TEND ; QUE DÉSORMAIS SON TRAITÉ DE COMMERCE AVEC L'ESPAGNE LUI DEVENANT UTILE, ELLE RÉGNERAIT PLUS QUE

JAMAIS MAITRESSE ET SOUVERAINE ABSOLUE SUR LA PÉNIN-
SULE, ET CELA AU DÉTRIMENT DU COMMERCE EUROPÉEN, ET
DE NOS INTÉRÊTS LES PLUS SACRÉS ET LES PLUS CHERS. Espérons que tous les efforts de la diplomatie tendront
à empêcher une semblable usurpation, et que toutes
les considérations secondaires disparaîtront devant une
question d'honneur, de force, d'indépendance pour
les nations commerçantes de l'Europe.

Il est de l'intérêt général que la Péninsule n'accède
point aux nouvelles prétentions injustes de la Grande-
Bretagne, ni en ce qui concerne l'union douanière
qu'elle projette, ni pour le traité de commerce du Portugal. Nous croyons avoir prouvé qu'en considérant
l'intérêt de la Péninsule, cette résistance renferme le
seul moyen de faire rentrer en Espagne et en Portugal
quelques parcelles des sommes immenses que les Anglais ont fait sortir de ces deux États ; pour ce qui est
des intérêts de l'Europe, il nous semble qu'on doit
désirer aussi vivement de voir briser des entraves qui
gênent depuis tant d'années la liberté du commerce.
Enfin, quant à la France en particulier, il est certain
que le commerce de la Péninsule peut devenir extrê-
mement avantageux à la nation. Cette question est de
la plus haute importance, comme toutes celles du commerce, sur lequel la bonne ou mauvaise politique influe sensiblement, comme il influe à son tour sur les
gouvernemens. Nul doute que le commerce intérieur
doive intéresser les observateurs et les hommes d'État,
avant celui de l'extérieur : le premier est la base du
second ; mais il faut reconnaître, en même temps,

que celui-ci fortifie, encourage, développe le premier. Le commerce extérieur doit étendre et multiplier l'intérieur, comme nous l'avons déjà fait remarquer ; l'un sans l'autre est très borné, et ne peut se soutenir long-temps.

On a toujours regardé les Portugais comme une nation sobre, industrieuse, attachée au commerce, brave, courageuse et impatiente du joug de l'étranger ; on devait bien s'attendre à lui voir faire un jour d'heureux efforts pour se délivrer de l'espèce de servitude à laquelle les Anglais l'ont assujettie par l'habileté de leurs négociateurs. La résistance du ministère portugais emprunte des circonstances un intérêt puissant. La question se généralise, mais elle touche particulièrement le commerce de France et son industrie ; puisqu'on a des motifs de croire, nous le répétons, qu'il est question *d'un traité d'union douanière entre l'Espagne et le Portugal.* Ce traité est, on le conçoit, un *puissant objet de convoitise pour les Anglais.* Il est vrai que le traité de commerce projeté si persévéremment entre la Grande-Bretagne et le gouvernement de Madrid, a, heureusement pour nous, soulevé des difficultés qui en empêcheront, peut être, la conclusion ; il est vrai que les négociations entamées par suite, entre l'Angleterre et le cabinet de Lisbonne, sont en ce moment rompues ; mais il est à craindre que la fatalité qui pèse depuis tant d'années sur la Péninsule, ne vienne encore une fois réclamer sa proie. Lisbonne et Madrid, isolées, ne sont pas de force à résister à ses influences ; et, un jour ou l'autre, elles subiront les volontés du cabinet de Saint-James, à moins qu'une politique salutaire n'intervienne. C'est cette intervention que nous venons réclamer à l'Europe, à la France.

Ce n'est pas la guerre que nous venons demander ici, une guerre brutale, avec toutes ses horreurs, avec ses nombreux sacrifices ; nous ne pensons qu'au commerce, sans épouser des intérêts de parti. Prenons-y garde : « MESSIEURS, a dit un noble orateur à la Cham-» bre des pairs dans la séance du **28** avril, « JE DÉ-» CLARE SANS CRAINTE D'ÊTRE DÉMENTI PAR PERSONNE, QUE » NOTRE DIPLOMATIE DOIT EMPLOYER TOUS SES EFFORTS » POUR EMPÊCHER UNE PAREILLE UNION (l'union douanière) » DE SE CONCLURE ; CAR, DANS UN DÉLAI PEU ÉLOIGNÉ, ELLE » DEVIENDRAIT LA RUINE DE NOTRE COMMERCE DANS LA PÉ-» NINSULE. »

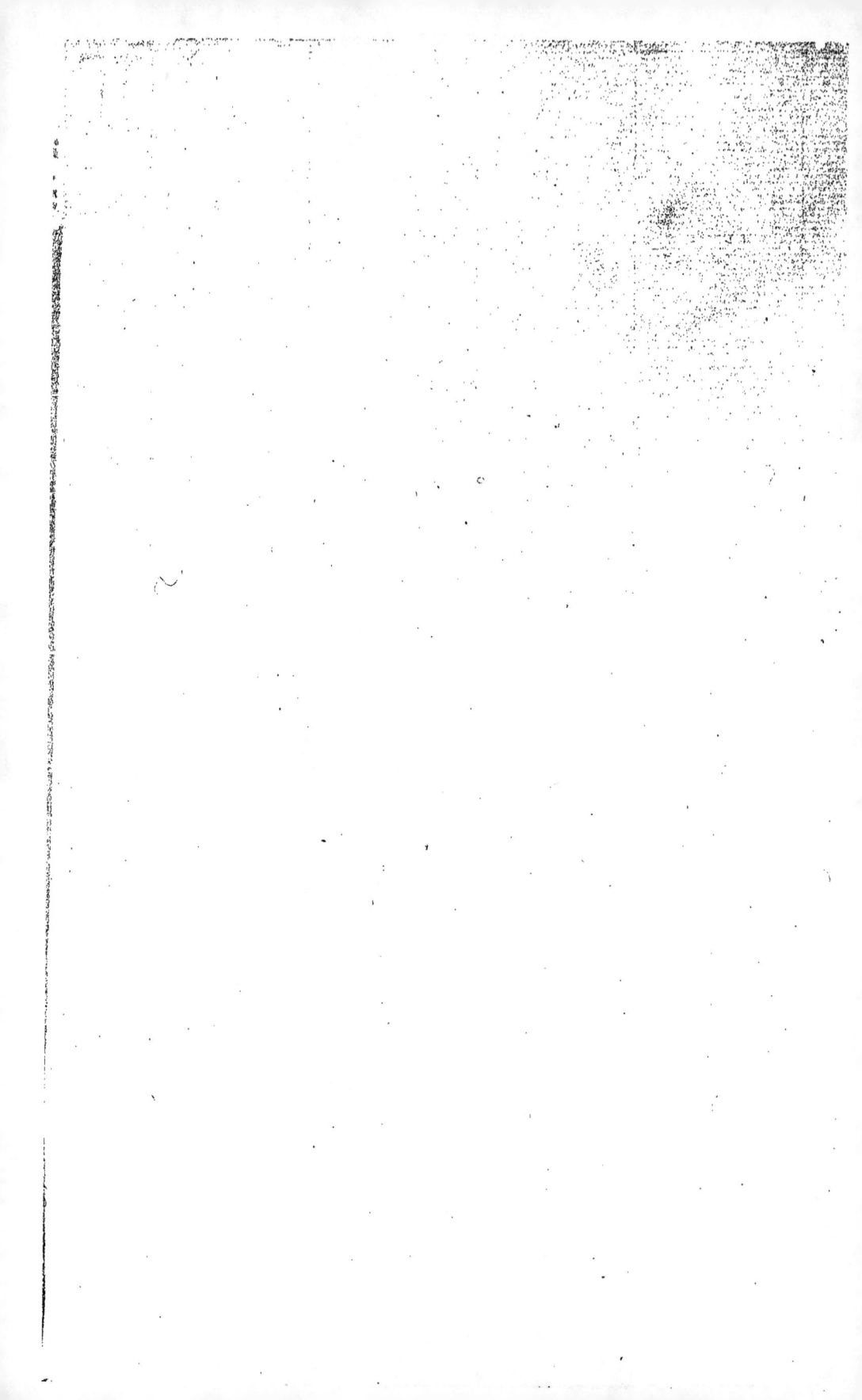

www.ingramcontent.com/pod-product-compliance
Lightning Source LLC
Chambersburg PA
CBHW070934280326
41934CB00009B/1875